U0096449

四C人生：阿德勒心理健康雕塑系列手冊

社會情懷
全人關懷的動能

Raising Kids
Who Care About Others

Betty Lou Bettner 著

總審閱 楊瑞珠

翻譯 曾貝露

致 謝

　　本書介紹了《阿爾佛雷德‧阿德勒—個體心理學》中的社會情懷、對他人的關心、人際關係的重要性以及我們生活中絕對需要他人等主題。

　　這本書是 Susie Zhang 要求的，並得到了中國上海 Wise Edu Plus 的 Rui Zhang 的大力支持。Karen John 和 Rachel Shifron 的建議和指導非常寶貴。我的合作夥伴，插畫 Jon White 向我介紹了視覺增強和材料佈局的想法，使其栩栩如生。Debora Gehron 和 Hanna Bettner 的貢獻是增加讓我的英語老師滿意的內容。

　　我非常感謝所有的教授、老師、研究小組負責人，以及那些在文章、書籍、課程和講座中繼續推進阿德勒和德雷克斯工作的人。感謝所有對這兩個人的理論和應用給予充分肯定的人，他們的理論和應用使全世界成千上萬的父母、老師和輔導員受益。

　　特別感謝北美阿德勒心理學會 Penn-Del 分會的成員，感謝他們所有的支持和關懷。

四 C 人生：阿德勒心理健康雕塑手冊系列（5-3）
社會情懷：全人關懷的動能

社會情懷給予我們勇氣和樂觀：
生命中的好壞都讓我們活得有價值。

———Alfred Adler

　　阿德勒心理學透過《自卑與超越》（原文為 What Life Should Mean to you）中譯本引進台灣後陸續有不少譯自英文、德文和日文翻譯之相關書籍，但能把阿德勒龐大知識體系化為具體可行助人策略的書真的少之又少。當代阿德勒心理學者 Betty Lou Bettner 從 1989 年開始根據阿德勒所認為人類有歸屬感、長進、意義和鼓勵的心理需求提出家長和教師可運用在孩子成長四個關鍵 C（簡稱四 C：Connect 連結，Capable 能力，Count 價值和 Courage 勇氣），如今已多方應用在教養、兒童的遊戲治療、青少年的輔導、創傷治療、家長及教師的諮詢、教師專業社群、組織成員的態度檢核和公共衛生等，無論應用之處為何，四 C 不但可用來評估個人及社群團體的關係效能，也可運用在臨床諮商或企業組織促進改變的目標和策略。筆者備感榮幸地能於 2016 年以四 C 理念創立台灣阿德勒心理學會，很高興能介紹 Bettner 博士認識台灣，更感動《四 C 人生：阿德勒心理健康雕塑手冊》譯者群付出心力取得跨國翻譯權並自費出版。本書是此翻譯系列之第三冊。

用另一個人的眼睛去看，
用另一個人的耳朵去聽，
用另一個人的心去感受。

　　社會情懷是阿德勒心理學理論最大的貢獻也是最難用文字表達的概念。阿德勒本人談社會情懷時常將其和同理心及隸屬感相提並論，例如以上阿德勒數次引用的話，看似簡單但要付諸行動卻極其困難。我們似乎在媒體報導和實際生活中看到更多來自於被縱容、虐待和忽視的孩子和成人。但是阿德勒認為要解決生命加諸於人類的生活挑戰，人們需要「預備好」能超越自我，無論環境如何艱難，都要預備好與他人同生死、共患難地克服困境並繼續追求理想。家是一個孩子第一個學校，學校則可以是孩子們的第二個家。本書的主旨在於提供家人和學校具體做法和實力闡釋我們如何引導孩子「預備」要在各種生命任務中和社會合作的能力，不因壓迫人的社會要求感到過度的自卑，不怕犯錯，能接受失敗，能在自我關注和關懷他人中做共好的抉擇。筆者希望藉由閱讀本書，您不急著把這些技巧用在親子或師生關係中，而能先願意回顧在成長過程中，是誰在怎樣的情境下作如何的引導以讓自己也做好了這樣的「預備」？有了這份洞察和感恩，筆者相信您在不知不覺中已在種種人際關係中引發他人對社會情懷的認同和生命的發展。

　　本書譯者和筆者認識將近四分之一個世紀，有幸看到貝露從一個研究生，高中輔導老師，諮商心理師，到大學教授的生涯歷程，也看到她結婚，成為兩個孩子母親和孩子長大的家庭生活經營。筆者邀請貝露加入譯者群並選擇由她翻譯

本書主要是因為她就是以上所描述願意以社會情懷實踐人生理想的人，和筆者在臺美常看到心理學界不缺口說無憑和言語行動不一的學者很不同，是一位懂的先「預備」好自己再去「預備」他人的好母親，好老師。就這樣筆者希望藉由書和成功的實例，讀者會在這充滿挑戰的社會時代中仍然有勇氣追求社會情懷的理想。

楊瑞珠博士，美國科羅拉多州奧羅拉城
創辦人，丹佛阿德勒心理生活學院，台灣阿德勒心理學會
代言人，北美阿德勒心理學會
代表著作：《勇氣心理學：阿德勒觀點的健康社會生活》

推薦詞

方德隆
臺灣阿德勒心理學會第一屆監事
高雄師範大學教育學院院長

　　如何讓孩子關懷別人？阿德勒的回答是培養孩子具備歸屬感與他人連結、學習成長的能力、找到人生價值的意義及鼓勵孩子展現勇氣。人生三大任務是友誼、工作和愛情，具備上述社會情懷的人才能完成此三項任務。學校老師及家長透過鼓勵、對話，讓孩子具備獨立自主、與他人合作、承擔責任的能力，能夠樂於助人，養成相互尊重及自律的習慣。體現了阿德勒所言：「生命的意義在於奉獻自我，恆久的幸福來自於自我奉獻。」

譯者序

曾貝露
謹誌於高師大教育學系

「做自己」並不是以自我為中心，而是將個人天賦的本能，成為使他人受益的禮物，因此在教育中並非追求對成就的投射，而是教導愛人的能力。當一個孩子在鼓勵的環境中，感受與人連結、有能力、價值、並有勇氣克服困境時，他將懂得如何關懷他人。這本書亦能帶給在乎孩子心理健康的父母、老師和教育心理人員，當覺察自我與孩子互動時，個人的自卑、態度與價值，如何成為孩子關心他人的動力或滋養。

作者貝蒂露博士從阿德勒的個人心理學中，介紹了如何培養孩子的社會情懷、人際關係的重要性，以及我們生活中需要被人需要等心理需求。

謝謝瑞珠老師將近四分之一個世紀的引領與陪伴，並見證了我的婚姻和家人，感謝采琦的插圖和團隊每一位夥伴彼此的支持與關懷。

目錄

若不提高社會情懷，我們連一個人都救不了，更別說拯救全人類。如果不提高社會情懷，我們就無法解決國家，甚至攸關世界的重要問題。

　　如果我們仔細思考人生中遭遇的重大問題，就會發現社會情懷才是眞正的解方。[1]

　　以上是阿德勒一百年前所說的。

　　他認爲社會情懷是心理健康的關鍵。

阿爾佛雷德‧阿德勒—個體心理學

《阿爾佛雷德‧阿德勒—個體心理學》（The Individual Psychology of Alfred Adler）書中提到的第一個概念：我們每個人和社會是一體的。[2] 某些生物若不能與同伴互相往來就無法生存，人類是其中之一。人類沒辦法獨自求生，而且跟其他動物求生的方式也大不相同，因為我們沒有尖牙利爪，沒有很大的力氣，跑不快，也沒有顯眼的保護色。人類如同游牧動物一樣會聚在一起，因為群聚是生存的必要手段。[3]

活在社會上大家唇齒相依，社會情懷因此成為維繫健康社會的基石，而人類的生活方式之所以會社會化乃是源於與生俱來的社會情感。

何謂社會情懷？

所以社會情懷到底是什麼？讓我們先從定義來了解。由於阿德勒說德文，而精通多種語言的人也會使用其他語言中的特定字詞，所以沒辦法準確翻譯。

阿德勒用來描述心理健康的德文用字：
GEMEINSCHAFTSGEFüHL

這並非單一字詞，而是由多個字組成。

GEMEIN	SCHAFTS	GEFüHL
共同／歸屬	關係／團體／群體	感受

社群感（Gemeinschaftsgefühl）

這個字包含歸屬感與合作的意思，成為群體的一份子，為共同利益努力，也可解釋為每個人都有歸屬感，而且能攜手合作應對當下情況。

馬斯洛（Abraham Maslow）同意阿德勒的觀點，他說：社群感（Gemeinschaftsgefühl）是阿德勒的心理健康標準……同時也是唯一可以詳盡描述人類對於自我實現目標的用詞。即便偶爾會感到憤怒、不耐煩或是厭惡，但人類對所處的社會有一種認同感、同理心，還有愛……我們渴望幫助他人，就彷彿我們都是人類大家庭的一份子。[4]

　　要正確定義這個字幾乎是不可能的，因為這是一種概念，遠遠超乎字辭或感受所能表達的範圍。即每個人都有價值，每個人都有所歸屬，而且每個人皆平等的想法。

這是對於生活評價的態度。[5]
阿德勒以社群感一詞作為定義。

　　符合社會情懷及社群感的英語翻譯都會譯出字詞中的歸屬感以及關心他人的涵義。

　　當阿德勒試圖描述社會情懷是什麼樣子時，他引用了一位不知名的英國作家的話，他說社會情懷的意思是：

「……用另一個人的眼睛去看，
用另一個人的耳朵去聽，
用另一個人的心去感受。」[6]

　　根據這個定義，更容易看出社會情懷需要同理心、認同他人、歸屬感、合作、包容所有人的價值觀，以及獨立和相互依賴。它符合全人類的利益。

　　社會情懷意味著合作、貢獻和尋找問題的解決方案。
社會情懷引導發展出積極的關係。
社會情懷包括幫助減少他人的困難。
社會情懷應該像呼吸一樣自然。

為何社會情懷如此重要？

心理需求

阿爾佛雷德・阿德勒（Alfred Adler）非常具體地概述了人類的心理需求，第一個是歸屬感。歸屬感、社會情懷在兒童的心中紮根，只有在心理生活發生最嚴重的病理變化時才會消失。[7]

人類在嬰兒時期必須完全依賴他人。所以對於阿德勒來說，所有人類與生俱來的基本需求就是歸屬感。我們需要有歸屬感，才能培養社會情懷。它們是相輔相成的。孩子與生俱來就需要愛，這點永遠不會改變。[8]

孩子需要培養「我擁有一個團體」，「我可以融入的感覺」，「他們會陪在我身邊。」

有了歸屬感，孩子就能以各種方式實現連結，交朋友、合作、承擔責任、貢獻和關心他人的方法。我們能看、能聽並學習說話，就是為了與他人建立聯繫。

根據阿德勒的說法，沒有歸屬感或無法與他人連結會影響心理健康。人沒有歸屬感，就不會關心他人。

　　關鍵之一是要訓練孩子們如何交朋友。結交朋友對我們的一生至關重要，包括找工作和找伴侶。友誼對於幸福的婚姻是必不可少的。

掌握與他人有連結的方法需要一個學習過程。這樣的學習是幸福的關鍵。

　　媽媽：你的朋友非常感謝你在比賽中給他的建議，讓他在那場比賽中增加得分。
　　爸爸：我真的很喜歡我們一家人一起做事。

　　他說，每個人都必須有進步、學習、成長的感覺。這種從負轉向正的努力永無止境。人類要學習，要克服困難，要從劣勢中走出來。這種渴望帶來自給自足和獨立，甚至能夠分享和教導他人。[9]

　　這種學習和進步不僅於學業追求，也透過社會技巧，如合作、同理心、理解和善良來發展。不擅長社會技巧容易干擾社會情懷的發展。

　　姐姐：我知道數學很難。如果你需要幫助，請告訴我。
　　爸爸：記住，這是一個新課題。萬事起頭難。
　　媽媽：哇，你的辛勤工作真的得到了回報。我想你一定對自己的進步感到滿意。

　　這些技巧是通往阿德勒的第三個需要之道：需要找到人生的意義、需要被需要、被重視。需要被需要是社會情懷的動力。這意味著每個人都必須接受訓練並有機會做出貢獻。

　　人類的發展之所以成為可能，是因為人類是一個共同體，每個人都是被需要的。當我們將某人形容為失敗時，通常意味著缺乏貢獻。

　　當我們感到被需要時，我們就會有所作為。感覺有能力是成為重要人物的基本需求。今天，孩子們有太多事情已事先被做好，以至於他們從未嘗過被需要的滋味。這是人類的主要需求，它經常被忽視，因為大人堅持要替孩子解決所有的問題，而不是教孩子如何解決自己的問題。

　　阿德勒補充說：「每個人都很想追求人生的意義，但他們很難找到，除非看出自己追求的意義其實是建立在對他人的生活做出貢獻。」[10]

媽媽：謝謝你這樣做，你對這個家庭的幫助很大。

爸爸：現在我教你怎麼煮雞蛋，你就可以為家人煮一些了。

祖母：你的爺爺去商店時，你的幫助可以派上用場。

最後，他強調鼓勵孩子是必須的。當他描述一個失敗者時，那是一個缺乏勇氣和社會情懷的人。[11] 有鼓勵的孩子才得以發展或生存。沒有鼓勵，就無法與孩子建立任何關係。認識到人人都有長處，透過不用賞罰的方法尊重每個孩子，教導孩子解決問題並從錯誤中吸取教訓，這就是鼓勵的真意。有了勇氣，孩子就可以應對生活中的起伏，專注於可以做的事情，然後再處理生活中遇到的事情。勇氣產生韌性，它與內在動機有關。

孩子：我的考試錯了三題。

家長：你覺得怎麼樣？

孩子：不好。

家長：每個人都會犯錯，但這就是我們從錯中學習的方式。如果我們不從中吸取教訓，那就是錯誤。所以你學到了什麼？

阿德勒談到「心理承受力」（psychological tolerance）[12]，這種耐受力取決於與社會聯繫和勇氣發展的強度。一個人發展出的勇氣會增強他對挫折、失望或失敗的容忍度，並可以預防更嚴重的心理健康問題。植物沒有食物和光就不能生長，人類沒有勇氣就不會有功能或心理上的成長。

　　阿德勒不只稱這些需求是好的。他還說這些需求是心理健康和發展社會情懷的必要條件。他認為以下四者滿足了我們所有人的社會需求：我們需要別人；我們需要獨立，自給自足；我們需要被需要；我們需要有彈性，能夠在某些事情上失敗，從中吸取教訓，然後再試一次。

　　當這些需求得到滿足時，孩子就會發展出與之相匹配的感覺——感到安全、有能力、有價值、和充滿希望的。

在我與 Amy Lew 合著的書中，我們認為必須將阿德勒介紹給大眾並分享他的精神。我們將他的四個人類社會心理或歸屬感要求稱為「四個關鍵 C」，他的公式很容易記住：

阿德勒	四個關鍵 C
歸屬感	有連結
能力感	有能力
意義感	有價值
被鼓勵	有勇氣

（見附錄）

Karen John 博士確認了四個關鍵 C 在《早期的民主領導》中第 2 章：

四個關鍵 C 的另一個重要方面，即是在不同的發展中，它們代表了我們終生需要感受到歸屬。也就是說，與人連結是與生俱來的期望或需求，在出生時就很明顯，在生命的前六個月可以看出渴望有能力的需要，而被需要的需要在出生後的第二年就可以看出，這時的自我感覺很強烈，儘管是矛盾的，可說是「可怕的兩歲」。[13]

　　當我們談論孩子的需求、看法和感受時，你可能會想起小時候是誰為你提供了這些要求。

　　那些記憶可能包括有人在你身邊，你覺得和那個人很親近，一個喜歡和你在一起的人。你會記得描述這個親密的人是誰以及他們做了什麼。

　　或者，有人注意到你的才能、技巧、優勢，關注你的進步，你喜歡向他學習。

　　或者，一個需要你的人，你幫助過幾次或多次的人。被需要的感覺真好。也許你注意到有人需要幫助時你提供了幫助，即使別人沒開口問你。

　　或者，也許你記得有人說過或做過一些讓你感覺自己很棒的事情，有人對你建立了信心。

　　保留那些記憶以及隨之而來的感受和想法很重要，因為這些人提供了對你很重要的東西，並且可能在成年後對你來說仍然很重要。

　　詢問孩子在他們的生活中有哪些重要的人並要求他們舉例，這點很重要。問孩子覺得什麼事情令他沮喪或感到困難，看看你小時候是否有這種感覺，以及你對此做了什麼。

我們都需要一個無條件地愛我們的人，一個相信我們的人，一個指出我們優點並讓我們提供幫助的人。這就是做人的意義。沒有這些重要的人，孩子們可能會氣餒，在社會情懷、勇氣和自信心方面都很低落。

三大生命任務 [14]

　　阿德勒確定了生活中一個重要的不可避免的層面，且沒有人可以豁免——生活需要解決一連串的問題。他將生活中的所有主要問題都歸納為人與人合作的問題。阿德勒隨後將這些問題分為三個任務，所有人都必須面對這些任務，並且尋求完成三大任務的方法。

　　第一個任務是社會：我們出生在一個家庭，必須依賴這個群體生存。這個群體擴展到包括兄弟姐妹、大家庭成員，並最終擴展到教師和其他人。這項任務要求我們學會找到親近他人的方法。這個任務是通過友誼、負責任和社會感情來解決的。

家長：你姐姐的生日快到了。你認為我們應該為她計劃什麼？

家長：學期快結束了，我想給你的老師寫個便條，我需要一些幫助。你能告訴我你的老師在這一年裡，做了哪些讓你欣賞或者你喜歡的事情嗎？

　　第二個任務是工作：孩子認識到在家要做家事，開始上學後需要做功課。畢業後要選擇職業，這是長大獨立後，自給自足，養活自己的方式。社會任務的必要條件是為他人做出貢獻，從而感到被重視和被需要。

家長：我們的家屬於我們所有人，所以重要的是，我們所有人都要了解自己可以做什麼，為需要完成的工作做出貢獻。你會選擇做哪些你認為應該做的工作？

第三個任務是親密：這項任務意味著我們會選擇與一個人分享生活，可能還包括一起撫養孩子。有些人可能決定不建立親密關係，或者可能考慮過後，選擇不生孩子。這種關係最困難，因為它需要最高度的合作和社會情懷。

夥伴對另一位夥伴說：我希望確認我們之間什麼是重要的，以及我們該怎麼做才可以維繫相互尊重和關懷的友誼。

兒童必須接受培訓，以適應我們的文化和生活所需的合作，才具備以社會情懷來解決許多問題的能力。只有為社會合作做好準備，才能解決生活衍生的各種社會問題。當個人缺乏準備時，很可能被稱為失敗者。

這三項任務都會出現問題，而這三項任務都需要其他人來解決。學會交朋友是建立成功親密關係的基準，這三項任務都需和其他兩項任務息息相關。

友誼、工作和愛情，都和社會有關。成為他人的朋友、優秀的工作者以及愛情和婚姻的真心伴侶是人生不可或缺的要件，而這三者都需要社會情懷和合作才能成功。

　　能否完成三項任務並不取決於個人的才能或智力，而是取決於社會情懷。[15]

發展社會情懷時學校扮演的角色

　　當教育工作者接受培訓時，通常認為他們的工作是培養有能力的學生，因為這就是學校的目的。然而，他們的培訓應包括將「有能力」視為兒童要求中的第三順位。#3 有能力

　　首要任務應該是讓教室成為沒有人感到自卑或被排除在外，而且是一個充滿凝聚力的地方，使每個人都有歸屬感。#1 連結

　　第二個優先順位應該是確保每個學生都是被需要的——每個人都有一份工作，對團體、課堂或學校做出貢獻。每個學生都感到與其他人平等——在價值和尊嚴上平等。#2 意義

　　當孩子們有連結和被需要時，他們可以專注於學習。學習是在情感需求得到滿足之後進行的，學校不是孩子害怕失敗、害怕被排除在外、或害怕不如他人的地方。所以這份清單將按照對孩子的重要性進行排列，以提高學習效率：

　　1.歸屬感（我感到屬於一個群體）
　　2.意義（我有被需要的價值）
　　3.有能力（我已經準備好學習和不斷地進步，因為我的需求得到了滿足）

這是凱瑟琳的一個例子，她是一位富有創造力的學校輔導人員，她看到了行為偏差的孩子。然後她會設計方法並找尋線索。

她被要求去見一個在課堂上表現不良的十歲學生，他打擾其他孩子，衛生習慣很差，不做作業，沒有朋友。校方沒有詳論該生的行為。凱瑟琳利用和他一起會談的時間了解他。他的父母離婚了；他沒有看過他的父親；媽媽每天開著他乘坐的校車走完整條路線；他有一隻喜歡的貓。凱瑟琳知道如何建立優勢，所以她注意到他對寵物的喜愛。她買了一隻便宜的寄居蟹和一些魚，並問亨利是否願意照顧她辦公室裡的動物。他立刻答應了。她鼓勵亨利研究有關對這些寵物護理的資訊。她請一位寵物店員工來提供更多的護理說明，店員告訴亨利，在處理動物時必須保持非常乾淨的手，並給他一把指甲刷。現在亨利的個人衛生是寵物計劃的一部分。他被告知需要每天餵食、抱著它們和訓練這些動物。

老師規定任何未完成的作業必須在課間休息時完成，所以他必須做出決定。亨利決定做作業，這樣他就可以繼續與動物共度課間休息時間。沒有人告訴他這樣做，他自己做選擇。輔導人員建議他可以利用每天在校車上的時間做作業，這樣回家後就可以玩了。每週學校裡都會有人給亨利的母親寫一封簡短的便條，述說他樂於助人的行為。

這些便條是為了鼓勵亨利的母親，因為她通常只聽到亨利的負面行為。

亨利的老師做了一項鼓勵練習，她請亨利幫助她。每週有幫助人的同學將會成爲本週的友善同學，且桌上會被放上小驚喜。例如鞋帶、髮帶、一支鉛筆，算不上什麼獎勵。這是爲了讓亨利記住成爲朋友或被視爲朋友的感覺有多好。

　　亨利會找時間告訴老師他看到某某同學們做的好事情，他開始注意到同學們的積極或樂於助人的行爲。

　　凱瑟琳做了很多其他事情來為亨利提供四個關鍵 C，她讓學校的其他人提供幫助。亨利開始感到與人連結和被需要，他也看到其他人對他的努力表示認同。

　　大人的工作是了解兒童的需要，並找到滿足這些需要的方法。

　　當孩子問：「我為什麼要上學？」有人可能會回答：嗯，這不是你為什麼要去學校，而是為了什麼目的去上學。上學的目的是什麼？有哪些好處？我能想到三個真正的好處。首先，學校裡有專家可以找出你的所有優勢、天賦和技能。其次，他們將指導你發展這些技能，甚至找到更多技能。第三，他們會告訴你如何將你的才能和技能推廣到世界並幫助他人。哦，還有一個好處，那就是學校可以讓你和你的朋友在一起，並結交更多的朋友。

兩個特殊群體所需要的關注

我們需要更關注所有兒童的人際情感需求，尤其是是霸凌的現象和被診斷患有注意力缺失症或注意力不足過動症的孩子。重點必須為兒童提供機會讓他們顯露出他們的社會情懷，成為有用的人。當成年人開發提高社會情懷的課程時，這兩種類型的學生經常被忽視。

學校確實有解決持續存在的霸凌問題的方案。這些方案試圖防止被霸凌的兒童可能遭受的不良後果。雖然這很重要，但也應該解決霸凌者的問題，看看這個孩子的生活中缺少什麼。他們也有心理需求，當他們選擇不當行為時，這是他們生活中缺少某些東西的徵兆。行為不是真正的問題：它是孩子有問題時的解決方案，是不當的解決方案。在沒有了解潛在問題的情況下，行為是難以改善的——他們生活中對四個關鍵 C 的需求。

這些孩子的感受包括孤立、不足、無價值感和自卑。他們透過消極的方式保護自尊，他們需要一個不涉及懲罰的方法。學校應該制定一個可以發現孩子優勢的方案，以及如何讓他們在專注所做的事情上感到被需要和讚賞的方式。

大人的想法往往是這個孩子做錯了什麼，應該受到懲罰。懲罰通常會讓孩子產生更多負面想法和感受。然而，若沒有發現行為背後的挫折，他的行為不會改變。孩子需要為

他造成別人的痛苦而負責，修理或更換任何被毀壞的東西，用道歉或其他方式重新表達對人的尊重。重點要放在如何正確處理，而不是將責任歸咎於何處。應該針對行為採取必要的解決方案，以及了解行為偏差的孩子缺少了什麼。

被忽視的第二類群體是那些被確定為患有注意力缺失症（ADD）或注意力不足過動症（ADHD）的孩子。教育工作者通常能知道哪些兒童需要額外的特殊幫助。雖然這種幫助對他們的發展很重要，但也可能無法為他們創造助人的機會。

學前和小學早期的一個重要部分是由家長和老師訓練孩子如何與他人分享、輪流和幫助他人。研究發現，「過動症兒童的主要問題是缺少社會情懷。我們知道最重要的育兒角色是鼓勵孩子並使孩子與他人分享他的興趣，與人建立連結並關心他人的重要性值得一再強調。」[16]

應該讓所有學生明白，每個人都需要幫助，且每個人都可以幫助別人。有學習困難的孩子可能會清楚地看到他需要幫助才能獲得成功，但這個孩子可能不會認為接受幫助與給予幫助和被他人需要是有關聯的。

這是以色列學校輔導員分享的一個幫助他人同時強調平等的例子。數學老師會完成一個關於數學概念的課程，然後詢問有多少人理解了這個概念，有多少人需要更多的指導。那些要求更多幫助的學生可以選擇一個已經理解教材的

學生（小老師）幫助理解。老師照顧到為聽不懂得學生尋求幫助，但老師也要求需要幫助的學生與小老師討論他如何也能提供幫助。每個夥伴關係只能在每個學生找到了一種幫助他人的方法後才開始。在一次合作中，小老師想不出他需要什麼，所以向全班尋求幫助。一個學生提出一個想法，這個男孩上學經常遲到，且這個男孩很快就解釋說他的父母在他起床之前就去上班了，所以他才會睡過頭。小老師提議他每天早上會給這個男孩打電話，就不會睡過了頭。他們因此達到共識，教學就可以開始了。

　　為低年級學生朗讀是一種策略，已在幾所學校成功用於幫助閱讀有困難的學生。有位老師招募一名三年級或四年級的學生，他的閱讀水平是小學一年級或二年級，這位學生可能對落後於同年級同學感到氣餒。這個學生被要求去幼兒園或一年級的班級，每週給他們讀一個故事。這項服務的目標不是單單讀故事書而已。對一年級學生唸故事並不困難，所以建立了他的信心。在開始之前可能會練習一段時間，以確保它順利進行。其次，年幼的學生通常喜歡年長的學生與他們一起度過的時光，並期待下次見面。第三，它通常會激勵年長的學生對閱讀更感興趣，以便活動能繼續進行。

　　這一策略對德克薩斯州城市的一所學校非常有效，該學校面臨大量移民家庭和高輟學率的挑戰。每個高中生都被分配到一個小學擔任閱讀小老師。輟學率降低了一半以上，因為這些學生可以看到他們擁有被需要和被欣賞的技巧。

重要的是，要將行為偏差的孩子納入小老師的行列，這個機會不應該只作為給表現良好的孩子的獎勵。這樣做的目的是藉由延續這些能力的好處，來恢復正在發展閱讀技巧的孩子的信心。

人類生來就有潛力，但潛力不是命運。潛力就像一粒種子，所有的種子都需要一個滋養的環境才能充分生長。為了實現潛力，必須滿足特定的環境要求。第 47 頁開始有一個建議清單。

1904 年，阿德勒出版了一本名為《作為教育者的醫師》的小書。他建議，既然醫生看過幾乎所有的孩子，他們就可以教育老師和家長，防止青少年出現情緒問題。他的建議包括：

大人一定要贏得孩子的愛。教育中最重要的幫助是愛。孩子的愛是教育能力最可靠的保證。

對孩子進步的最好支持是「對他自己的強項充滿信心」。此外，「孩子的自信和勇氣，是他們最大的財富。」

有勇氣的孩子以後的命運不是來自外界，而是來自自己的力量。

那些「軟弱多病的孩子」很容易像「被寵壞和過度保護的孩子」一樣失去自信。

「在任何情況下，孩子都不應該害怕他的教育者」以及「在任何情況下……，都不應該嚇唬孩子，因爲這樣做，孩子永遠不會達到自己的目的，會剝奪孩子的自信心，並徹底使孩子困惑」。

成人不應要求孩子盲目服從，而應設法讓孩子有決定的自由——即提供具體的選擇。[17]

在我們的一生中，我們會多次被要求幫助他人，我們也會經歷許多需要別人幫助的情況。生活需要一種給予和接受的態度。當我們需要幫助時，我們常常忽略眼前的資源——即孩子可以提供的幫助。大多數孩子喜歡幫助大人，喜歡感到被需要。

多年前的一所小規模的小學裡，有六名教師，六個年級各一名。因爲只有一名兼職的校工，所以學生們被分配工作。他們清理黑板和板擦，在操場上工作並協助學生排隊進入學校。六年級的孩子們被分配到附近的一個轉角，幫助孩子們過馬路，並將牛奶送到教室。每個人都被需要。

在另一所學校，四年級以上的學生可以選擇每週一天放學後留下來編織四方格巾，老師會將這些方格縫在一起製成毯子，然後送到退伍軍人醫院。對學生們來說被邀請是一種榮幸，這一點也不像是苦差事，反而是一天中很重要的部分，也是學生想上學的理由，那些老師需要學生，退伍軍人也需要他們。這是激勵非常重要的部分。

什麼原因會干擾社會情懷的發展？

當孩子們沒有歸屬感或沒有機會做出貢獻時，他們會變得氣餒，而錯過一個或多個關鍵 C。當我們感到氣餒和感到不平等時，就很難專注於他人的需要。這些孩子的問題通常是感到自己的不足、被忽視、感覺不如他人，並且通常沒有盟友。他們與別人比較並感到不如他人。

感到不如他人並非不正常。每個人生下來就感到不如他人，感到不如他人是一種驅動力，激勵幼兒透過學習來克服自卑感。幼兒想要像其他人一樣可以走路，他那百折不撓的努力可以見證這種驅動力。學走路的孩子只有一個目標，在達到行走的目標之前不會停下來。過程雖有許多嘗試和跌倒，但沒有任何事可以影響他達成目標，並且滿意的表情是無價的。那眼神說，「看看我！我做到了！」

成年人的許多言行會增加孩子的自卑感。其中一些言行非常微妙，比如跟孩子說自己也不擅長這個科目。這麼說可能讓孩子認為擅長特定科目是遺傳的，而不是告訴孩子一分耕耘就會有一分收獲的道理。你在學校學習越努力，你就越有可能取得成功。如果孩子願意承擔起達到成功的責任，要進步是可能的，過程可能需要一位導師。

成人通常以命令的語氣說話，而兒童將這種反應解釋為認為我是自卑、無能、懶惰或笨拙的。

　　兒童潛能的開發取決於成人有能力感知兒童許多發展的可能性。

　　還有許多其他更明顯的方法會使有問題的孩子更加失去信心。這個孩子有自卑感，總是缺乏社會情懷。培養孩子勇氣和社會情懷的常見錯誤包括：找碴、缺乏對孩子的愛、不愛孩子、嚇唬孩子、過度監督或爭吵、堅持服從、提出不合理的要求、不提供機會、幫他們解決所有的問題而不是教他們如何解決問題、看不到孩子有能力處理問題、過度保護、標籤化、競爭，以及使用體罰或責備。

　　孩子面對問題時，有兩種途徑可以選擇。一個是他可以努力進步，另一個是認為這太難或自己不夠聰明，或將其歸咎於老師太糟糕而選擇放棄。放棄的主要原因是為了避免失敗。對於這種學生來說不嘗試比試了然後失敗還好。這孩子寧可被罵懶惰，也不願被罵笨。

　　這些感覺必須區別，以便可以應用鼓勵方法來增加自信心以及有機會感受平等、歸屬感和被需要的感受。

　　早期訓練兒童的另一種樣貌是傾向於使用各種形式來寵愛和呵護兒童。此一樣貌不是指給孩子東西和額外的玩具等；而是指排除孩子不喜歡的感受並越俎代庖，替他們做他們能夠為自己做的事情。這些孩子享有人為的特權，使他們無法了解社群生活的互動規則。他們受到大人為他們消除所

有不舒服感受的特別照顧。他們從來沒有經歷過任何他們不喜歡的事情，因為其他人總是樂於給予幫助並且使他們不需付出任何努力。

縱容使他們難以成為社會上有用的一員。確定孩子是否被寵壞的測試是注意他們在因應規矩時的反應。當他們設法不願遵守規矩時，父母可能會以憤怒或懲罰來回應，爭吵便開始了。孩子仍然會持續要求放縱，當放縱被剝奪時，他們會感到被拒絕。

另一種明顯令孩子氣餒的反應包括虐待或忽視，這些行為使得想培養他們能關心他人變得困難。他們經歷過被拒絕以及感覺不到被需要，甚至是被愛。

縱容、虐待和忽視這三種行為會擾亂每個人與生俱來的社會情懷，使兒童產生自卑感。當一個人認為別人看不起他們時，他們就不會產生歸屬感。這些感覺可能會導致與他人作對，而這種決定會影響一個人的基本需求——歸屬感。因為這三個行為沒有以尊重的方式連結，因而無法給予孩子關鍵 C；也無法提供讓孩子變得有能力或確定孩子優勢的方法；沒有給孩子機會對家庭貢獻；並且沒有鼓勵並幫助孩子提高自我價值和自尊。

這些孩子認為別人是充滿敵意的，並覺得自己不夠堅強到足以應對。他們因這些感覺所選擇的反應並不是由自卑感引起的。他們的行為來自他們的歸因以及他們選擇如何因應

這些感覺。有些孩子可能會決定競爭並超越他人，有些孩子可能會轉向生活中無效的方式，爲他人製造麻煩。當使用有效的方法來減少自卑感時，孩子們就會學會感到平等，並轉向有益於自己和他人的有益行爲。結果變帶來歸屬和貢獻。縱容、虐待和忽視會干擾孩子發展四個關鍵 C。這些行爲會剝奪了兒童面對逆境而培養克服困難的勇氣以及取得成功的機會。

阿德勒將所有的失敗都描述爲氣餒並被視爲失敗，因爲他們缺乏社會情懷、勇氣和自信。

此外，競爭讓孩子認爲自己不如其他人。當孩子意識到努力工作會帶來進步和成功時，他們就會有動力繼續朝著這個方向前進。然而，當他們將目標從「變得更好」變爲「比別人更好」時，自卑感會增加，因爲他們遠離別人而走向超越別人。

鼓勵兒童參與體育運動。學習新技能有很多好處，像鍛煉身體、結交新朋友、學習在團隊中合作。團隊運動需要一位教練讓男孩和女孩成爲團隊中的一員，也就是對團隊有歸屬感和貢獻感。在團隊，每個人都有一份工作，從中體驗到了互相幫助和齊心協力的效果。如果團隊內有凝聚力，就更有可能贏得比賽。當團隊內部存在競爭時，有些人會因爲感覺自己不那麼重要或「不如」其他人而氣餒。如此一來，對團隊將減少好處，對結果也不太有利。

當孩子氣餒時，這是因為缺少四個關鍵 C。當大人將孩子與其他人比較時，或者當孩子與其他人比較而感覺不如他人時，社會情懷就會降低。結果是感到自卑，而這些感覺會影響孩子的社會情懷。

從發展變化來說，社會情懷的功能是把努力的方向引向社會有用的一面，從以自我為中心轉向以他人為中心。社會情懷不僅限於人類社會，還包括與一切事物、自然、動物、藝術、科學、環境以及與宇宙和諧相處的感覺。

阿德勒將所有行為描述為是選擇而來的，而不是被動引起的。就像小孩子決定走路一樣，選擇行為來達到目標。我們可以自由選擇。我們選擇如何思考、如何感受和如何行動。選定目標後，身心會合作朝著該目標前進。社會情懷程度是每個人的主要特徵，涉及到人的一切行為。社會情懷是與生俱來的；然而，它只能通過與家庭成員和社會環境的互動來發展。

當描述一個沒有社會情懷的人時，我們會聽到這樣的話：

殘忍、防禦性、對抗性、控制性、不誠實、不耐煩、不理性、批判力強、懶惰、自私、固執、輕率、虛榮、悲觀、有偏見、脾氣暴躁、咄咄逼人。

當描述一個有社會情懷的人時，我們會聽到這樣的話：

**善良、積極、勤奮、忠誠、可靠、
慷慨、誠實、樂觀、樂於助人、體貼、
善解人意、尊重、關懷、真誠、
包容、體貼、合作、可靠。**

行為偏差包括缺乏社群合作和對社交生活沒有準備。一個人的不當行為與他回答問題的方式有關：我的行為如何影響他人？以及我的行為對他人有幫助嗎？（我在乎他人嗎？）

行為不當不是問題！兒童的行為是來自他感知到的問題所使用的解決方案。成年人必須找到他內心的自卑感，才能讓孩子通過發展社會情懷來停止自卑感。

父母：我們去商店給你妹妹買一雙運動鞋。

兒子：這不公平。你買東西給他而不是給我。

家長：那是因為她長大了，她的運動鞋太小了。你的運動鞋合腳嗎？

兒子：是的。

家長：嗯，當鞋子變得太緊時告訴我一聲，我們就去買新的。你看，兒子啊，我們平等對待我們的孩子。平等並不是一成不變。我們平等地對待你們兩個，也就是說，當你們任何一個需要某物時，我們會讓你們得到它。

我們必須問問自己：孩子是如何產生自卑感的？我們必須知道答案，以便我們可以知道哪些地方需要調整。孩子們經歷了什麼導致他們對歸屬感和獨立性感到沮喪？

　　當我們意識到大人與孩子的互動方式令孩子沮喪時，我們就可以找到減少孩子的自卑感並增加社會情懷和勇氣的互動方式。

如何引導並培養孩童的社會情懷？

當我們指出孩子的優點、提供選擇、強調他所做的努力、注意到任何進步、表現出尊重、教導合作、激發獨立性和表達喜愛時，代表我們對他們擁有信心。

我們是否審視自己的價值觀？
我們教孩子什麼價值觀？

我們是否誤導孩子害怕犯錯，並將我們的愛與成功聯繫起來？或者，我們是否培養勇氣（犯錯是一種學習的機會，而不是放棄的藉口？）

我們是否強調完美主義，做到最好？不要失敗？
或者，我們是否強調把社會情懷、幫助他人、輪流分享、接受失敗作為生活的一部分？

我們強調追求個人的成功嗎？
或者，我們將貢獻作為生存的必要條件？

我們是否強調提升自我，只為優於他人？
或者，我們是否強調合作、平等，但不斷改進？

阿德勒把培養社會情懷的任務交給了母親，他說：

　　與生俱來的合作潛能的發展首先發生在母嬰關係中。母親是孩子經歷的第一個人。這也意味著母親是開發孩子潛力和傳播社會情懷到更廣泛圈子的人。這些圈子從父親、兄弟姐妹開始，到家庭和朋友。母親可以給孩子最大的愛，母親可以把孩子對母親的愛和信任轉化為對他人充滿自信和負責的態度。這是母親的兩項重要工作——建立愛的連結並引導孩子走向獨立和自給自足。[18]

父母雙方都有責任教導基本的社會技巧。由於社會情懷是心理健康的必要條件，家長必須教會孩子如何合作才能在團隊中生存。藉由表達和傾聽的互動。面對責任，培養寬容。孩子必須準備好迎接社會生活帶來的問題。

父母要讓孩子從依賴走向獨立，最終走向相互依靠。需要經過幾個階段：

第一階段：父母在嬰兒時期為孩子做一切。
第二階段：父母邀請孩子的協助下完成工作。
第三階段：孩子在父母的幫助下完成工作。
第四階段：孩子在他邁向獨立時，對工作負全部責任。

團隊合作是孩子們相互依存所必須的，也是在社會世界中成長的必要條件。

　　許多父母沒有掌握他們所需的訊息資源來完成這項工作。這就是為什麼父母和教師的培訓在教育孩子方面如此重要。社會必須協助父母和教育工作者完成他們最重要的工作——養育孩子。

　　由於兒童在完全無助的情況下開始生活，並在整個成長過程中可能遇到一連串令人沮喪的經驗，因此他們需要在有意識、深思熟慮和有條不紊的鼓勵，以發展自信、能力、社會情懷、自力更生，以及成功應對生活的任何技能和能力。

19

45

大人如何扮演上述這樣的角色？

何種因素可促進社會情懷發展

透過對孩子和他們的能力充滿信心，來培養在家庭中的相互尊重。對孩子使用的語氣應該是尊重的。

父母對孩子：我對你的所作所爲很生氣。我確實想和你談談這件事，但不是在我生氣的時候。我們可以稍後再討論。

尋找優勢：不僅僅是學業優勢。尋找在人際、運動、創造力、舉止、樂於助人、幽默、善良、努力工作等方面的優勢。

自力更生：孩子需要父母提供無條件的愛和引導，以實現獨立和自力更生。這包括讓他們發展和練習他們的技能。自力更生意味著父母退後一步，且不爲孩子做孩子可以做的事情。讓孩子知道，大人相信孩子的能力，尊重他們的勇氣和力量。過度保護會影響獨立能力。

教孩子們如何做家事，比如擺餐桌、把碗碟放進洗碗機、使用洗衣機和烘乾機、打掃浴室、使用吸塵器、製作沙拉、寫購物清單以及幫助購物、烹飪、幫他人挑選禮物、幫助兄弟姐妹。當我們意識到每個人都必須能夠照顧自己並希望能夠幫助他人時，這份清單就會是無止盡的生活內容。

對話：包括表達和傾聽。閱讀不是主要技能。學習如何傾聽是學習如何閱讀的必要條件。孩子們通過被傾聽來學習如何傾聽。與孩子的對話包括深度傾聽，讓他們能夠說話、分享想法、感受和建議。

孩子：今天有些孩子對我很凶。

家長：那一定很受傷喔。

孩子：是啊，我也生氣了。

家長：你覺得爲什麼會這樣？

孩子：他們要我加入遊戲，我不想。

家長：他們能在沒有你的情況下玩遊戲嗎？

孩子：不能，遊戲需要五個人才能組成一個團隊。

家長：然後你拒絕了？

孩子：是的，如果我不想玩就不該逼我玩。

家長：看起來他們真的很需要你。

孩子：我想是的。

家長：你從中學到了什麼？

孩子：我學到他們很刻薄，對我不好。

家長：他們想要做的是你不想做的。

孩子：是的。

家長：所以他們看到你擁有掌握全局的力量。

孩子：這是什麼意思？

家長：他們想玩一個需要你的遊戲，當你拒絕時，他們就不能玩那個遊戲了。

孩子：那我應該配合嗎？

家長：不。你當時有什麼可以做的嗎？

孩子：也許有吧。我可以撒個謊，說我的腿酸痛。

家長：還有其他做法嗎？

孩子：我可以試著找其他人跟他們一起玩。

家長：還有嗎？

孩子：我可以說如果他們玩我想玩的遊戲，我就玩他們的遊戲。

家長：嗯，你有很多點子。如果這種情況再次發生，你認為你會怎麼做？

孩子：我想我會試著找別人和他們一起玩。

家長：聽起來很不錯。

合作：經營家庭有如經營一個團體，團體需要合作的能力和意願。爭吵或讓步都不會產生合作。合作視每種情況的需要而定以及每個人如何為這些需要做出貢獻。合作才能帶來成功的團隊。合作是競爭的對立面。團體、家庭或團隊內的競爭是非常有害的。每個家庭或團隊都需要成為一個有凝聚力的團隊，每個人都做出貢獻並且有歸屬感。

尋找合作的遊戲，以團隊合作而不是團隊競爭的方式來玩。以團隊的形式做家務，遇到問題時，徵求大家想出解決這些問題的意見。

分擔責任：每個人終其一生都需要負責任。兒童通常了解他們的權利，但他們往往不了解權利和責任的雙重含義。權利與責任有關；一體兩面。當你不處理與權利相關的責任時，權利就被取消了。例如，有的家庭可能會規定完成作業

就可以暢快看電視或玩手遊。如果有人超速，可能會被吊銷駕照。開車遵守規則是保護他人安全的基本責任。

讓孩子們列出他們的權利和責任來說明每項權利都有雙重責任：
　・權利：選擇要玩的玩具
　・責任：玩完後把它們收起來
　・權利：去朋友家
　・責任：告訴父母你要去哪裡並同意準時返回

樂於助人的機會：應該允許和培養兒童對他人、團體、學校和社區有幫助和樂於助人。關心他人以及為他人做事是社會情懷的基礎，是心理健康和幸福的關鍵。需要被需要是人類的許多需要之一。

培養相互尊重、有效的紀律：紀律來自「門徒」這個詞，意思是「承行旨意的人」。每個人都需要紀律，來達到自律的目標。紀律常常與懲罰相混淆。

懲罰可能會教孩子撒謊，避免被抓到，並懲罰他人。它通常會產生怨恨，但最令人沮喪的結果是懲罰會傳達一種訊息，亦即傷害你所愛的人是可以的。

獎勵看起來是個好主意，但是研究表示，獎勵教孩子們只有在得到回報的情況下才會努力。獎勵使孩子從內部控制轉向外部控制，並朝向以自我為中心。

（參考文獻中列出的有關家長教育的書籍提供了有效教養的替代方法。）

給孩子選擇：只要有可能，就讓孩子選擇。每個人都希望自己對自己的生活有發言權。年幼的孩子可以選擇穿哪種睡衣，或者坐在哪裡，或者聽什麼故事。再大一點之後，從衣櫃上選擇穿什麼去學校，從衣櫃選擇穿什麼去玩。隨著孩子的成長，選擇會越來越多。選擇提供了更多負責任的方式，並體驗他們選擇後的結果。

問題解決：當出現問題時，要設法解決問題，而不是責怪誰。教孩子解決各種問題是最好的藥物濫用預防技術之一。服用藥物是解決疼痛問題的一種方法，但還有其他方法可以解決這個問題。大人為孩子解決了太多的問題，被需要的感覺很好，但孩子需要的是獨立和自給自足。而這種需求，必須先成為一個有能力解決問題的人。

我們很有可能每天都會面臨問題，且我們也會犯錯。所以，我們必須教孩子如何解決問題以及如何從錯誤中學習。

追求進步而非追求完美：注意好的部分。看看孩子走了多遠，而不是她必須走多遠。回應他有多努力工作以及他如何進步。勤奮不是天生的，它是選擇而來，並且應該被肯定。

孩子：我今天考試錯了五題。
家長：上次考試你錯了幾題？

孩子：那一次我錯了七題。

家長：所以你進步了。你是怎麼做到的？

孩子：這一次考試我讀了更多，但仍然錯了五題。

家長：但是你找到了答案。這次你讀了更多，它奏效了。

孩子：我想是的。

家長：這告訴你什麼？

孩子：如果我學習更多，我可能會答對得更多。

家長：我想為了進步而努力是個好辦法。

避免標籤：讓我們聚焦在全方位地教育孩子，而不是只局限於課程、考試成績和成就測驗。如果孩子需要幫助或一位家教，應在不給孩子貼標籤的情況下提供幫助。標籤往往會導致自卑感。

處理錯誤：孰能無過。我們都會犯錯；它是生活的一部分。我們藉由實驗來學習，因此錯誤和失敗是學習過程的重要部分。修正錯誤比錯誤本身更重要。害怕犯錯以及感到尷尬和屈辱，是勇於冒險迎接挑戰和學習的最大障礙之一。著名運動員通常會創造驚人的紀錄，但他們也留下多次失誤的紀錄。

樹立榜樣：以幫助他人和回應他人的需要來樹立榜樣。讓全家人參與幫助家庭、社區或慈善活動的計劃，或者只是隨機做好事。

鼓勵：（「cor」，「coeur」的意思是「心」）。身體沒有心就動彈不得，人沒有勇氣就無法精進。鼓勵是用語言或行動幫助他人使其恢復自信。請參考以下的說法：

· 你對這個家庭很有幫助。

· 我看得出你在這方面很努力。

· 我會告訴你為什麼我喜歡你所做的事情。

· 謝謝你的幫忙。

孩子們應該每天都聽到一些鼓勵的回饋，包括某件事、某個良好表現、有進步、幫助誰或解決某個問題。

定期舉行家庭會議，給予讚揚、計劃活動、選擇家務工作、分享心事、享受彼此共處的時光。

所有的行為都有一個目的，一個目標。召開家庭會議有一個重要的目的：

> 目的是改善家庭生活，相互交流，慶祝和重視每個人的獨特性，建立價值觀，彼此合作，分擔責任，教導幫助他人的重要性，建立自尊，與家人建立連結，並發現我們有彼此是多麼幸運。[20]

牢記你的目標：大人和孩子之間的關係非常重要。孩子需要感到安全和信任大人，愛應該是無條件的。

> 家長：謝謝你。我不知道沒有你我該怎麼辦。

阿德勒社會情懷的實證研究

　　心理健康協會是英國的心理健康研究、政策和服務改進的首要慈善機構，以下是關於利他主義的研究，他們將其描述為「……當我們將他人的需求置於自己的需求之前……」，包括志願服務和指導。他們的研究指出，利他主義可以改善情緒和身體的健康：

- ・帶來歸屬感並減少孤立感。
- ・幫助世界變成更加充滿快樂的地方。
- ・減輕壓力。
- ・幫助擺脫負面情緒。
- ・可以幫助我們活得更久。

　　他們的研究顯示，利他情懷增加自尊、尊重、激勵和幸福感使所有年齡層的人受益。

　　幫助他人可以喚醒你大腦中讓你感到愉悅以及與他人有連結的部分。為某人做點好事可以減輕壓力並減輕孤獨感，甚至可以促進你的心臟健康和免疫反應。[21]

　　有很多網站可以找到更多有關社會情懷對你的身心健康有益的研究實證。

阿德勒：生命的意義在於奉獻自我。
　　　　當我們被需要時，自卑感就會減少。
　　　　通過為他人做事來培養社會情懷。
　　　　持久的幸福來自於自我奉獻。

　　只要認為現在的自己是有能力、有抱負、有貢獻的家庭成員，孩子們未來就會成為對社會有貢獻的大人。

四個關鍵 C© ——Betty Lou Bettner 和 Amy Lew

如果我有四個關鍵 C		如果我沒有四個關鍵 C
連結		
我有安全感	我有歸屬感	我感到不安全，被孤立
我願意伸出手交朋友		我更容易受到同儕壓力影響
我願意與人合作	我需要溝通技巧	我尋求關注
能力		
我覺得有能力	我相信我能做到	我覺得不夠格
我有自制力		我試圖控制他人或證明「你不能強迫我」
我有自律能力		我變得依賴
我自力更生	我需要自律	我尋求力量
價值		
我覺得有價值	我相信我可以有所作為	我覺得微不足道
我很重要		我可能會嘗試傷害回去
我有貢獻	我需要承擔責任	我尋求報復

為了通過有用的方式尋找四個關鍵 C，我們需要：

勇氣		
我感到充滿希望	我相信我能處理好即將發生的事情	我覺得自卑
我願意嘗試		我可能會放棄
我有韌性	我需要良好的判斷力	我迴避問題
我受到鼓舞		我很沮喪

　　錯誤行為是一個人無法得到連結、能力和價值而感到沮喪所使用建設性方法的徵兆。[21]

©1998 作者僅允許出於教育目的複製圖表，並註明作者、來源和出版商。

57

社會情懷

魯道夫‧德雷克斯博士

社會情懷	自我中心
這樣做是因爲你喜歡貢獻	證明你有多優秀
渴望有用	渴望自我提升
做事是因爲喜歡參與其中	做你所得到的事情
進步	來回進步
錯誤是暫時的	錯誤是毀滅性的
問題激發你更加努力，因此： 你覺得探索和實驗 有安全感，有歸屬感 自信的	錯誤會讓你失望，因此： 害怕冒險；除非保證成功， 否則不要嘗試 不斷感覺脆弱的 永遠不能定位；焦慮的
鼓勵	**沮喪**

參考資料

Alfred Adler, Heinz L. Ansbacher, Rowena R.（2017）《阿德勒個體心理學》（黃孟嬌、鮑順聰、田育慈、周和君、江孟蓉，譯）。張老師文化。（原出版年 1956）

Adler, Alfred.（1973）*Superiority and Social Interest：A Collection of Later Writings*. Edited by Heinz L. Ansbacher and Rowena R. Ansbacher,New York：The Viking Press.

Bettner, Betty Lou and Amy Lew（1990）. *Raising Kids Who Can*. Newton, MA：Connexions Press.

Dreikurs, Rudolf and Vicki Soltz（1964）*Children：The Challenge*. New York：Hawthorn Books, Inc.

Dreikurs, Rudolf.（1953）*Fundamentals of Adlerian Psychology*. Chicago,IL：Alfred Adler Institute.

Hoffman, Edward.（1994）*The Drive for Self：Alfred Adler and the Founding of Individual Psycbology*. New York：Addison-Wesley Publishing Company.

Lew, Amy and Betty Lou Bettner.（1996）*A Parent's Guide to Understanding and Motivating Children*. Newton, MA：Connexions Press.

Maslow, Abraham H.（1954）*Motivation and Personality*. New York：Harper & Brothers.

Whalley, Margy, et al.（2018）Chapter 2：Holding the baby：Leadership that inspires and contains ambition and anxiety by Karen John, *Democratising Leadership in the Early Years*. New York：Routledge.

註解

1. Adler, Alfred. The Collected Clinical Works of Alfred Adler, Vol. 12, pg.185.
2. Ansbacher, Heinz L. and Ansbacher, Rowena R. The Individual Psychology of Alfred Adler. Harper & Row, New York 1956, pg. 2
3. Dreikurs, Rudolf. Fundamentals of Adlerian Psychology, pg.1
4. Maslow, A. H. Motivation and personality, (1954) Harper, New York, pg. 217
5. Ansbacher, Heinz L. and Ansbacher, Rowena R. The Individual Psycbology of Alfred Adler. Harper & Row, New York 1956, pg. 135
6. Ibid,pg.135
7. Ibid, pg.138
8. Ibid, pg.40
9. Ibid, pg.103
10. Ibid, pg. 156
11. Ibid, pg. 157
12. Ibid, pg. 243
13. John, Karen. Democratising Leadership in the Early Years, pg. 50
14. Ansbacher, Heinz L. and Ansbacher, Rowena R. The Individual Psychology of Alfred Adler. Harper & Row, New York (1956), pg. 131

15. Dreikurs, Rudolf. Fundamentals of Adlerian Psychology, pg. 5

16. Alizadeh, H., Walton, F. X, Soheili, F. Social Interest in Children With and Without Attention-Deficit ／ Hyperactivity Disorder. JIP, Vol. 72, No. 4 2016

17. Hoffman, pg. 50

18. Ansbacher, Heinz L. and Ansbacher, Rowena R. The Individual Psychology of Alfred Adler. Harper & Row, New York 1956, p. 135

19. R. Dreikurs, The Challenge of Parenthood, 1948, 1958. Hawthorn Books, Inc. New York.

20. Bettner, Betty Lou and Lew, Amy. Raising Kids Who Can. Connexions Press Newton, MA. （1990）

21. WebMD（1-19）

對同伴不感興趣的人，才會在生活中遇到最大的困難，
並給他人帶來最大的傷害。
所有人類失敗的根源正是從這樣的人中產生的。

——Ansbacher 和 Ansbacher
阿德勒的個人心理學，第 161 頁

國家圖書館出版品預行編目資料

社會情懷─全人關懷的動能／Betty Lou Bettner 原
著；曾貝露翻譯. --初版.--臺中市：白象文化事業有
限公司，2023.05
　　面；　公分
　　譯自：Raising kids who care about others
ISBN 978-626-7253-66-3（平裝）
1.CST: 心理學 2.CST: 兒童教育
170.1　　　　　　　　　　　　　　112001189

四C人生：阿德勒心理健康雕塑系列手冊

社會情懷─全人關懷的動能

作　　者　Betty Lou Bettner
譯　　者　曾貝露
總 校 閱　楊瑞珠
發 行 人　張輝潭
出版發行　白象文化事業有限公司
　　　　　412台中市大里區科技路1號8樓之2（台中軟體園區）
　　　　　出版專線：（04）2496-5995　　傳真：（04）2496-9901
　　　　　401台中市東區和平街228巷44號（經銷部）
　　　　　購書專線：（04）2220-8589　　傳真：（04）2220-8505
專案主編　陳婕婷
出版編印　林榮威、陳逸儒、黃麗穎、水邊、陳婕婷、李婕
設計創意　張禮南、何佳諠
經紀企劃　張輝潭、徐錦淳、廖書湘
經銷推廣　李莉吟、莊博亞、劉育姍、林政泓
行銷宣傳　黃姿虹、沈若瑜
營運管理　林金郎、曾千熏
印　　刷　基盛印刷工場
初版一刷　2023 年 05 月
定　　價　300 元